AF370222

REGLEMENT GENERAL,

Pour toutes fortes de Teintures des foyes, laine & fil, qui s'employent aux Manufactures des Draps d'or & d'argent, de foye, tapifferies & autres Eftoffes & Ouvrages.

Verifié en Parlement le 13. Aouft 1669.

A PARIS,

Chez FREDERIC LEONARD, Imprimeur ordinaire du Roy, & de la Cour de Parlement, ruë Saint Jacques, à l'Efcu de Venife.

M. DC. LXIX.

Avec Privilege de fa Majefté.

STATVTS, ORDONNANCES ET

Reglemens, que sa Majesté veut estre observez par tous les Marchands Maistre Teinturiers en soye, laine & fil des Villes & Bourgs de son Royaume.

PREMIEREMENT.

Esdits Marchands Maistres Teinturiers en soye, laine & fil de chacune Ville, demeureront unis & ne feront qu'une seule & mesme Communauté, à la charge neanmoins que les Maistres Teinturiers en soye ne pourront teindre ny vendre que de la soye. Comme aussi les Teinturiers en laine & fil ne pourront teindre ny debiter que de la laine & du fil ou des estoffes de mesme qualité, à la reserve des estoffes ou marchandises qui auront esté déja teintes, la liberté demeurant à tous Maistres Teinturiers de teindre indifferemment toutes sortes d'estoffes neuves ou usées, tant de soye que de laine ou de fil. Et en consequence de ce à l'advenir, ceux qui seront receus Maistres Teinturiers en soye, laine & fil, ne seront tenus de faire Chef-d'œuvre que sur l'une desdites teintures de soye, de laine ou de fil, & sur celle des trois qu'ils choisiront, & dont ils voudront travailler; Et quand aux Maistres de la Communauté desdits Teinturiers de soye, laine & fil qui sont à present, & qui ont esté déja receus; Ils seront tenus d'opter & de faire leurs declarations sur le Registre de la Com-

A

munauté , en quelle des trois fortes de teintures ils voudront travailler, & ce dans trois mois du jour de la publication du prefent Reglement à peine de trois cens livres d'amande contre chacun des contrevenans ; Et ladite option eftant faite, ne pourront lefdits Maiftres travailler en autre teinture qu'en celle qu'ils auront choifie fous les mefmes peines, & confifcation des eftoffes & marchandifes ; auront neantmoins lefdits Maiftres qui fe trouveront à prefent receus la liberté de changer l'option qu'ils auront faite pour une fois en faifant prealablement leur declaration par efcrit aux Jurez qui feront en charge, & fur le livre de ladite Communauté dans deux mois, apres lefquels ils n'y feront plus receus. Ce qu'ils feront pareillement tenus de faire devant le Juge de police & fans frais.

I I.

Pour Maintenir dautant plus lefdits Maiftres Marchands Teinturiers dans l'union & la bonne intelligence en laquelle ils doivent vivre ; Et pour tenir la main à l'execution des prefens Reglemens fera nommé par chacun an à la pluralité des voix le mefme jour que les élections ont efté cy-devant faites, & pour les lieux où n'en a efté fait à tel jour qui fera reglé par les Officiers qui ont droit de le faire, le nôbre des Gardes ou Jurez dudit Art de Teinturier qu'ils aviferont bon eftre, eu égard aux lieux où fe font lefdites elections , fçavoir, dans les Villes où il y a Teinturiers en foye , laine & fil fera éleu pareil nombre de Teinturiers en foye que de Teinturiers en laine & fil, c'eft à dire que quand l'élection fera de quatre Iurez, il y en aura deux en foye, un en laine & un en fil, & s'il y en a plus le mefme ordre & proportion fera obfervé , & dans les Villes où il n'y aura que des Teinturiers en laine & fil, le nombre des Iurez de l'une & lautre qualité fera égal ; lefquels Gardes & Iurez prefteront le ferment pardevant lefdits Officiers de bien & deuément exercer leur commiffion pendant le temps d'icelle, qui ne pourra eftre moins que d'une année, & les Iurez fortans de charge fera procedé à nouvelle élection ; mais de maniere qu'il y aye toûjours moitié de Iurez Teinturiers en foye & l'autre moitié en laine & fil, & qu'il y refte moitié des anciens pour inftruire les

nouveaux

nouveaux, & ainſi ſucceſſivement d'année en année le meſme
ordre ſera touſiours obſervé ; ſeront tenus leſdits Jurez de bien &
deuëment faire leurs charges, de rechercher en faiſant leurs
viſites chez tous les Maiſtres Teinturiers les contraventions qui
pourroient eſtre faites au preſent Reglement, & d'en faire leurs
rapports en la maniere accouſtumée au Juge de police des Manufactures, & ſeront leſdits Gardes ou Jurez viſitez par deux
Maiſtres du meſme Corps, qui ſeront auſſi choiſis & nommez à
la pluralité des voix le meſme jour de l'élection deſdits Jurez,
ſans qu'ils puiſſent faire viſite que chez leſdits Jurez, ny à cauſe
de ladite commiſſion pretendre rang ny voix deliberative autre
que celle de leur ancienneté ; Ne pourront leſdits Maiſtres dudit
Art faire aucunes brigues, feſtins & autre depence en quelque maniere que ce ſoit, pour eſtre éleu Garde ou Juré devant
ny apres l'élection, à peine de cent livres d'amande contre chacun de ceux qui auront fait leſdites brigues, donné ou accepté
leſdits feſtins, dont ſera delivré executoire par le Juge de police contre les contrevenans. Et un mois apres que leſdits Jurez
ſeront ſortis de charge ils ſeront tenus de rendre leur compte en
preſence des ſix anciens qui auront paſſé par les charges, & de
trois modernes de toutes les qualitez des Teinturiers en ſoye, laine & fil & ſans frais.

III.

LES Maiſtres Gardes ou Jurez en charge chacun à leur ègard
feront tous les ans quatre viſites generales chez les Maiſtres
Teinturiers en ſoye, laine & fil, & chez les plieurs de ſoye, pour
chacune deſquelles chacun Maiſtre Teinturier leur payera dix
ſols, & leur donnera ſon nom, & les noms & ſurnoms de ſes fils
Apprentifs & Compagnons, pour connoiſtre s'ils ont eſté en-
regiſtrez ſur le Livre de la Communauté dudit Corps; Et en cas
que leſdits Gardes ou Jurez trouvent de la defectuoſité en quelques unes deſdites teintures ils pourront faire ſaiſir & enlever
les choſes mal teintes en vertu du preſent article collationné par
un Conſeiller & Secretaire de ſa Majeſté ſans demander viza
ny parcatis à aucuns Juges, eſtans aſſiſté d'un Officier de Juſtice;
à cet effet, tous les Maiſtres Teinturiers & plieurs de ſoyes ſeront tenus d'ouvrir auſdits Jurez leurs maiſons, magazins & bou-

tiques. Et lorſque leſdits Maiſtres Teinturiers ſortiront de charge, ils remettront entre les mains de ceux qui leur ſuccederont
tous les Regiſtres & Papiers de ladite Communauté avec les
Roolles où ſont inſcrits les noms & ſurnoms des Maiſtres, Fils
de Maiſtres, Compagnons & Apprentifs qu'ils auront trouvé
en faiſant leurs viſites travaillans auſdites teintures.

I V.

P o u r empeſcher les fraudes & abus des teintures ſera à l'advenir obſervé ce qui enſuit.

V.

Luſtre. P r e m i e r e m e n t, Comme le luſtre de la ſoye en eſt la prin-
cipale qualité, & qu'il eſt important de le donner en perfection,
ce qui depend particulierement de bien decreuzer ladite ſoye:
Tous les Maiſtres Teinturiers en ſoye ſeront tenus de bien &
deuëment faire cuire & de creuzer toutes ſortes de ſoyes de quelque couleurs que ce ſoit, ſans exception, avec bon ſavon blanc,
deffences d'employer de noir, duquel ſavon blanc leſdites ſoyes
ſeront apres bien degorgées en les battant & lavant dans la Riviere; enſuite ſeront miſes dans un bain d'alun de Rome tout à
froid, & non à chaud, attendu que la chaleur dans l'alun pert
le luſtre de la ſoye, & de plus le rend rude & acre.

V I.

T o u t e s les ſoyes pour teindre en Cramoiſy apres eſtre bien
degorgées de leur ſavon, comme dit eſt cy-deſſus, ſeront alunées fortement, & puis bien lavées & battuës afin de les degor-
ger dudit alun; Et enſuite ſeront miſes dans vn bain de cochenille chacune ſelon ſa couleur en la maniere qui ſera expliquée
cy-apres.

V I I.

Teintu- L e s Rouges & Eſcarlates Cramoiſy, ſeront faites de pure Co-
res de chenille maeſtrecht y adjouſtant la galle à l'eſpine, le terameri-
ſoye ta, l'arcenic & le tartre de Montpellier, le tout mis enſemble
dans une chaudiere pleine d'eau claire, preſque boüillante, & la
ſoye eſtant preparée, comme il eſt dit cy-devant, ſera miſe dans
ladite Chaudiere pour y boüillir inceſſamment l'eſpace d'u-
ne heure & demie, apres quoy ladite ſoye ſera levée, & le feu
oſté de deſſous la chaudiere, laquelle ſoye eſtant froidie par lé-

vant qu'on luy fera prendre; Elle fera rejettée dans le refte dudit bain de cochenille & mife à fonds pour y demeurer jufques au lendemain, fans y mefler devant ny apres aucun brefil, orfeille, Rancourt ny autre ingredien pour quelque caufe que ce foit, à peine de cent cinquante livres d'amande pour chacune contravention.

VIII.

L ɛ s Violettes Cramoify, feront auffi preparez, comme dit eft, & faits de pure cochenille avec la galle à l'efpine plus moderement qu'au Rouge, l'arfenic, & le tartre, puis boüilly comme les autres cy-deffus, Et en fuite bien lavez & paffez dans une bonne cuve dinde, & dans fa force, fans mélange d'autres ingrediens.

IX.

L ɛ s Canellez ou tannez Cramoify, feront faits comme les Violets cy-deffus, & s'ils font clairs on les pourra rabatre avec la couperofe; mais s'ils font brunis & violets feront paffez fur une cuve d'inde mediocre, fans mélange d'autres ingrediens.

X.

L ɛ s Bleus paffes & bleus beaux feront teints de pure cuve dinde.

XI.

L ɛ s Bleus Celeftes ou complets auront pied d'orfeille de Lyon autant que la couleur le requierra, puis paffez fur une bonne cuve auffi dinde.

XII.

L ɛ s Gris de lin filvie ou aubifoin feront d'orfeille de Lyon ou Flandre, puis rabbatus avec un peu de cuve dinde, fi befoin eft, ou de la cendre gravelée.

XIII.

L ɛ s Citrons feront alunez, puis teints de gaude avec un peu de cuve dinde.

XIV.

L ɛ s Jaunes de graine feront alunez, puis forts de gaude, & mefme couverts avec un peu de bain de Rancourt fuivant la couleur.

XV.

LES Jaunes pasles feront alunez & teintes de gaude seule.

XVI.

LES Aurores pasles & brunes feront alunées, puis gaudez fortement, & ensuite rabattus avec le rancourt, lequel sera preparé & dissous avec cendre gravellée potasse ou soulde.

XVII.

LES Izabelles pasles & dorées feront teintes avec un peu de Rancourt preparé comme dessus, & sur le feu.

XVIII.

LES Orangers feront teints sur le feu de pure rancourt preparé, comme dessus, & les brunes feront ensuite alunez, & on leur donnera un petit bain de brezil, si besoin est.

XIX.

LES Ratines ou couleur de feu auront mesme pied de rancour que les orangers, puis feront alunées, & on leur donnera bain ou deux de bresil, suivant la couleur.

XX.

LES Escarlates ou Rouges rancez n'auront de pied de rancourt que la moitié de ce qui s'en donne aux orangers, puis feront alunées, & en suite on leur donnera deux bains de bresil.

XXI.

LES Celadons verds de pomme, verds de mer, verds naissans & verds gays, feront alunez, & ensuite gaudez avec gaude où sarrete suivant sa nuance, puis passez sur la cuve dinde.

XXII.

LES Verds Bruns feront alunez, gaudez avec gaude, ou sarrete & passez sur une bonne cuve dinde, puis rabbatus avec le verd & le bois dinde.

XXIII.

LES Feüilles mortes feront alunées, puis teints avec la gaude & fustel, & rabbatus avec la couperose.

XXIV.

LES Olives & verds roux feront allunées, puis montez de gaude & fustel, & rabattus avec le bois dinde & couperose.

XXV.

LE Rouge Incarnat & Roze feront alunez & faits de pur bresil.

XXVI.

XXVI.

Les Canelez & Rofe-faiche feront alunez & faits de brefil &
bois dinde.

XXVII.

Le Gris violant fera aluné & fait de bois dinde.

XXVIII.

Les Violets feront montez de brefil, bois dinde ou de l'orfeille, puis paffez fur la cuve dinde.

XXIX.

Les Gris plombez feront tous faits de fuftel, ou avec de la
gaude ou farrefte, bois dinde, eau de galle & couperofe.

XXX.

Les Mufcs minimes, gris de maure, couleur de Roy & de
Prince, triftamie, noifettes & autres de couleur femblable feront faits de fuftel, brefil, bois dinde & couperofe.

XXXI.

En toutes lefquelles couleurs ne fera donné aucune furcharge de galle à peine de cent cinquante livres d'amande pour chacune contravention, attendu que c'eft fauffeté, & que ladite
furcharge appezantit les foyes ; ce qui caufe une notable perte
à ceux qui les acheptent & employent.

XXXII.

Les Groffes foyes pour mettre en noir feront bien decreufées
avec favon blanc & non noir, & enfuite bien lavées & torfes,
puis feront mifes en corde ou dans des baftons, apres quoy on
fera boüillir un bain de galles appellé vieille galle, & une heure
& demie apres qu'elle aura bien boüilly, la foye fera mife dans ledit bain de galle, & laiffée pendant un jour & demy, ou deux
jours ; puis fera tirée dudit bain & bien lavée dans de l'eau claire, & apres torfe : Enfuite fera mife dans une chaudiere de galle neuve, où ne fera mis de galle fine que la moitié de la pefan-
teur de la foye, pour y demeurer un jour ou deux au plus, & apres
fera lavée & torfe, puis paffée fur la teinture noire & baillé trois
feux au plus, & non davantage ; apres fera bien battuë & bien lavée, puis addoucie avec du favon blanc de bonne qualité, & non
autre ; & enfuitte torfe & mife feicher.

C

XXXIII.

Lesdits Maiſtres Teinturiers ne pourront paſſer leſdites ſoyes noires plus de deux fois dans la galle, ny de les paſſer dans l'alun, ny auſſi bailler aucun noir entre deux galles, ny meſler aucun noir avec les galles, ains le noir ſera donné ſur de la galle blanche, ny faire aucun biſcuit, ny faux noir, à peine de deux cens livres d'amande pour chacune contravention, & de fermer la boutique du contrevenant pendant ſix mois pour la premiere fois, & d'interdiction de la Maiſtriſe pour touſiours en cas de recidive ; attendu que cela bruſle & ſurcharge les ſoyes. Et ſur les meſmes peines ne pourront auſſi paſſer dans la galle aucunes ſoyes couleur de triſtamie, canelle, minime, pain bis, gris ſalle, feüille morte & generalement toutes ſortes de couleurs, excepté le gris brun ; lequel gris brun ſera decreuzé & puis lavé & torts, & apres mis à froid dans une vieille galle, & enſuite lavé, & mis ſeicher, ſans mettre de la moullée de taillandier ſans aucun noir ſur les meſmes peines que deſſus.

XXXIV.

Et quand aux ſoyes noires fines, elles ſeront decreuzées, lavées & torſes, de meſme qu'il eſt dit cy-deſſus pour la groſſe ſoye noire ; & apres on fera boüillir de la galle neuve pendant une heure, puis la ſoye y ſera miſe une fois ſeulement, & enſuite lavée, torſe & paſſée ſur le noir deux ou trois fois au plus, apres bien lavée & adouſſie avec bon ſavon blanc, & non autre ; & puis mis ſur les perches pour ſecher.

XXXV.

Les Gris noirs (vulgairement appellez Gris minimes) ſeront engallez, comme le noir & paſſez ſur la teinture noire autrement appelle un fçu une fois ſeulement.

XXXVI.

Et pour le regard des ſoyes fines organcinées, moulinées & appareillées pour eſtre employées en eſtoffes de ſoye, meſme les poils ou trames de quelques qualitez qu'ils ſoient, leſdites ſoyes ſeront teintes ſeulement avec des galles legeres, ſçavoir, quatre once de galle fine pour chaque livre de ſoye ſans alun, ny aucune autre ſurcharge à peine de confiſcation, & de cent livres pour chacune contravention.

XXXVII.

N E Pourront lesdits Maistres Teinturiers mettre dans le bain d'alun les soyes blanches sans soulphre, tant pour filer l'argent, que pour faire autres ouvrages, à peine de confiscation.

XXXVIII.

C O M M E aussi ne pourront lesdits Maistres Teinturiers teindre aucunes soyes en noir ny couleur à demy bain vulgairement appellé teint sur le cru ; mais seront toutes sortes & qualitez de soyes bien deuëment cuittes & decreuzées, comme il a esté dit cy-devant, à peine d'estre lesdites soyes confisquées & de cent livr. d'amande pour chacune contravention; Et neantmoins, attendu que pour les petits velours à un poil qui se font en la ville de Lyon seulement, Et pour les crespes ou crespons, gazes & toilles de soye qui se font en plusieurs lieux, on a necessairement besoin de soyes teintes sur le cru, il sera anuellement nommé par les Officiers de police des Manufactures un Maistre Teinturier, lequel pourra seul, à l'exclusion de tous autres, teindre, pendant ladite année les soyes sur le cru, pour lesdits petits velours de Lyon, lesdits crespes, crespons, gazes & toilles de soye seulement, & non pour autres Estoffes ; à condition toutesfois que ledit maistre Teinturier ainsi nommé & choisi pour vne année tiendra Regitre, qui sera paraphé par le Greffier dudit Juge de police des Manufactures de toutes lesd. soyes par luy teintes sur le cru, des noms de ceux qui les auront données à teindre ; duquel Registre il donnera communication sans deplasser aux Gardes & Jurez en charge du Corps des Marchands Maistres Ouvriers en soye, toutesfois & quantes qu'il en sera requis, pour par lesdits Jurez Ouvriers en soye connoistre si toutes lesdites soyes seront employées ausdites Fabriques de petits velours de Lyon; Et aux crespes, crespons, gazes & toiiles de soye, & éviter les fraudes & abus qui s'y pourroient commettre en les employans à d'autres Estoffes, à peine contre ledit Teinturier nommé & choisy, comme dit est, ne tenant ledit Registre, ou qui en refuseroit la communication, ou qui tiendroit d'autres Estoffes que celles cy-dessus sur le cru & contre les autres Teinturiers non nommez qui tiendroient desdites soyes sur le cru de cent livres pour chacune contravention & d'interdiction de la fonction de son exercice pour six mois.

XXXIX.

Teintures des laines.

Pour aussi faire soigneusement & exactement observer la bonne teinture aux laines, qui seront employées en tapisserie & autres ouvrages, elles seront teintes à l'advenir en la maniere cy apres.

XL.

Premierement les Violets & Amarante Cramoisy, seront faits de cuve & Cochenille, sans y mesler de l'orseille, ny autres ingrediens.

XLI.

Les Couleurs de Roze ou Pourpre, seront faites de cochenille, sans les rabatre d'orseille.

XLII.

Les Rouges bruns de bon teint, seront faits de cume & rabattus de garance, sans y mesler du bresil.

XLIII.

Les Escarlates & Incarnats couleur de feu, Orangé, Jaune doré & Izabelle seront teints de bonne teinte en garence, sans mesler du fustel.

XLIV.

Les Bleus vert-gay, Vert de pomme, Vert de chou, Vert d'olive, Vert de mer, Vert d'œillets & celadon, seront gaudéz & passez en cuve, sans les brunir avec du bois dinde.

XLV.

Les More doré & Feüilles mortes & Vert Roux, seront gaudez & passez en cuve.

XLVI.

Le Noir de bon teint, sera teint en bleü & rabattu de galle à l'épine & couperose, sans y mettre de la moullée de taillandier.

XLVII.

Les Couleurs communes seront teintes de galle à l'épine, & toutes sortes d'ingrediens, que lesdits Teinturiers jugeront les plus propres pour leur bonté.

XLVIII.

Les Gris & Noirs communs seront teints de galle à l'épine & couperose.

XLIX.

XLIX.

LES Couleurs de feu, Orangez & Nacarats, seront teints de bourre teinte en garance.

L.

LES Ratines de Beauvais, Moüy, Merlou, Serges de Londre & d'Aumalle, Barracans & Revesches pour estre faites Rouges, seront teintes en garance.

LI.

TOUTES sortes de Serges, Camelots, Estamines, Ratines de Roüen, Dieppe, Beauvais, Londre, & façons de Londres, Aumalle, Chaalons, Chartres, Moüy, Revesches & Barracans, pour estre mis en couleur de Nacarat & Incarnadin, seront teintes de bourre teinte en garance.

LII.

LESDITES Serges de Londres & façon, celles de Moüy, Chaalons, Chartres, Aumalle, Camelots & Estamines pour Cramoisy, Viollet, Pensée Gris & Rouge, seront teints de Cochenille.

LIII.

LESDITES Serges de Londres, Moüy, Merlou, Aumalle, Chaalons: Chartres, Ypres, Ascot, Camelots, Estamines, Ratines de Roüen, Beauvais, Dieppe, Revesches de Beauvais, d'Angleterre, & Barracans pour faire noir, seront teintes en bleu, pairce, galles & couperose.

LIV.

LESDITES Serges & Revesches cy-dessus exprimées pour le vert & le bleu seront teintes de pastel de Languedoc.

LV.

POURRONT lesdits Mrrchands Teinturiers en laine blanchir toutes sortes de toilles de lin, cotton, chanvre, fils, Camelots, Serges, Ratines & Estamines neufves ou vieilles, bas d'estames, comme aussi de vendre & negocier des canevats de toutes sortes de largeur pour faire des tapisseries seulement.

LVI.

SERA teint par chacun an des échantillons desdites laines du mesme pied, nuance & couleur & en la maniere prescrite pour les échantillons des soyes en l'article quatre-vingts du present

Reglement, pour en eſtre uſé ainſi qu'il eſt dit par iceluy au regard des teintures deſdites laines.

LVII.

Et comme il importe auſſi que le fil ſoit teint de bonne teinture afin de ne rien obmettre de ce qui en peut faire la beauté &
le bon uſage, la teinture des fils de toutes ſortes & qualitez ſera obſervée par les Maiſtres Teinturiers en fil, comme il ſera dit
cy-apres.

LVIII.

Premierement, avant que de mettre aucun fil à la teinture il ſera deſcrué ou leſſivé avec bonne cendre, & apres retors,
& lavé en eau de Riviere ou de Fontaine, & auſſi retors.

LIX.

Le Fil pers appellé vulgairement fil à marquer retors & ſim-
ples & le bleu brun cler & mourant ſeront teints avec inde plat-
te ou indigo.

LX.

Le Vert gay ſera premierement fait bleu, & en ſuite rabattu
avec bois de campeſche & verdet, puis gaudé.

LXI. & LXII.

Le Vert brun ſera fait comme deſſus, mais bruny davantage
& puis gaudé.

LXIII.

Le Citron jaune paſle & plus doré ſera teint avec gaude &
fort peu de rancourt.

LXIV.

L'Oranger izabelle couvert, izabelle paſle juſques au
cler & aurore, ſera teint avec fuſtel, rancourt & gaude.

LXV.

Le Rouge clair & plus brun, Ratine claire & plus couverte,
feront teints avec breſil de frencmbour & autre & rancourt.

LXVI.

Le Violet rozeſeſche, amarante clere ou brune ſera teint avec
breſil, & rabattu avec la cuve dinde ou indigo.

LXVII.

Le Feüille morte clere & plus brune & la couleur d'olive,
ſera bruny avec galle & couperoſe, & rabattu avec gaude, ran-

court ou fuftel fuivant l'échantillon.

LXVIII.

LE Minime brun & clerc, mufc brun & cler, fera bruny avec galle & couperofe, & rabbatu avec gaude, rancourt ou fuftel,

LXIX.

LE gris blanc, gris falle, gris brun, gris de caftor, de breda & de toutes autres fortes de gris, feront brunis avec galle à l'efpine & couperofe & rabbatus avec gaude, fuftel, brefil, campefché & autre ingrediens neceffaires fuivans les échantillons & le jugement de l'ouvriër.

LXX.

LE noir fera fait de galle a l'efpine & couperofe, lavé & achevé avec bois de campefché. Et pour d'autres noirs ils feront coroyez avec bóne huille d'olive & cendre, gravelée fans y employer de mauvaife huille.

LXXI.

NE pourront employer aufdites teintures autre favon que celuy de Gennes & d'Alican, ou de femblable bonté & qualité.

LXXII.

NE pourront auffi mefler le fil de chanvre avec le fil de lin en bottes, plotons, ny retorts en quelque maniere que ce foit.

LXXIII.

TOUS les fils de lin du Royaume, de Flandres & autres pays eftrangers, ne feront teints en bleu, commun, mais feulement en cuve.

LXXIV

LESDITS Teinturiers ne feront imprimer de bidauct aucunes toilles neuves ou vieilles, ny fil de lin, chanvre & cotton qu'elles n'ayent de bonnes galles, & ne feront lefdites toilles empefées ou collés pour callendrer qu'elles ne foient bien & deuëment teintes.

LXXV.

L'ON ne brefillera aucunes toilles perces neufves ou vieilles ny fil à marquer du linge qu'elles ne foient teintes en bonne cuve, fans qu'elles puiffent avoir pied d'autres teintures ; ny l'on ne debitera aucune toilles neuves pour bon teint qu'elles ne foient teintes de cuve.

LXXVI.

Lesdits Maiſtres Teinturiers ne pourront mettre des ſa-
vons, huilles graiſſes & d'autres ingrediens infects, gras & defe-
ctueux aux demyes Eſtades, Eſtadines, Satins de burges, Eſta-
mines, Futaines & autres Marchandiſes & Ouvrages qu'ils feront calendrer.

LXXVII.

Aman-
des. Toutes leſdites ſoyes, laines, fil & toilles, ſeront teintes
en la maniare cy-devant exprimée, à peine de cinquante livres
d'amande pour chacune contravention à l'égard des Articles,
où n'eſt fait mention de ladite peine.

LXXVIII.

Pour connoiſtre avec certitude la bonne ou mauvaiſe teinture dudit fil, Il ſera teint des échantillons dudit fil, & uſé pour
ce regard comme pour les ſoyes & laines ſuivant les cinquante
ſix & quatre-vingt Articles dudit preſent Reglement.

LXXIX.

Bon &
petit
teint. Ne pourront leſdits Marchands Maiſtres Teinturiers en ſoye
& eſtoffes de ſoye teindre en petit teint aucunes eſtoffes & ouvrages dependans & appartenans aux Teinturiers du petit teint, ny
leſdits Teinturiers du petit teint teindre aucunes ſoyes ny eſtoffes de ſoyes, attendu que cela n'appartient qu'aux Teinturiers du
bon teint, à peine de cent livres d'amande pour chacune contravention, & d'interdiction de leur exercice pour ſix mois.

LXXX.

Model-
les des
ſoyes &
laines
en cra-
moiſy. Pour avoir des modelles de toutes ſortes de nuances en cramoiſy, ſur leſquels les épreuves auront eſté faites, ſera teint tous
les deux ans aux frais de la Communauté deſdits Marchands
Maiſtres Teinturiers, & à la diligence des premiers Gardes ou
Jurez qui ſeront en charge quinze jours apres leur élection, en
preſence du Juge de police des Manufactures ou de celuy qui ſera par luy commis à cet effet, & d'un Marchand Mercier & un
Marchand Maiſtre Ouvrier en ſoye qui ſeront nommez par ledit
Juge de police & de quatre des plus anciens Maiſtres Teinturiers, dont deux travaillant en ſoye, un en laine & l'autre en fil,
ſçavoir, la quantité de deux livres de ſoyes, de ſeize ſortes de
nuance en cramoiſy, quatre rouges, quatre écarlates, quatre
violets

violets, & quatre cannellez, & pareille quantité de laine de mefme forte de cramoify, pour eftre lefdits deux livres de foyes, &
deux livres de laines ainfi teintes, partagées en trois portions,
également & chacunes d'icelles, cachetées du fceau & marque
de la Communauté des Marchands Merciers, des Marchands
Maiftres Ouvriers en draps d'or, d'argent & foye, & defdits
Marchands Maiftres Teinturiers ; & enfuite chacune portion
mife au bureau de chacune defdites Communautez pour y fervir d'efchantillons, dans la verification des fauffes ou verita-
bles Teintures de cramoify. Et pour éviter encores les fraudes
& particulierement celles qui fe pourroient faire par le meflan-
ge des Teintures de foye & de laine. Ne pourront les Maiftres
Teinturiers loger ou demeurer plufieurs enfemble dans une
mefme maifon, ou tenir mefme boutique, s'ils ne travaillent
de mefme travail, & de femblable teinture, à peine de cinq
cens livres d'amende, & d'interdiction de la Maiftrife.

L X X X I.

Et pour connoiftre fi les foyes auront efté bien teintes en Déboüil-ly des foyes.
cramoify en conformité defdits Efchantillons, & de la manie-
re prefcrite par le prefent Reglement, ou s'il y aura efté contrevenu & mis de faux ingrediens ; auffi fi lefdites foyes n'auront point efté engallées, & afin que les Juges qui en doivent
connoiftre foient parfaitement inftruits de la verité, & ne puiffent eftre furpris, les foyes qui feront faifies comme pretenduës
de fauffe teinture, feront déboüillies par les Gardes ou Jurez
Teinturiers en prefence de celuy fur lequel la faifie en aura efté
faite, ou luy deuëment appellé pardevant & en la prefence du
Iuge à qui la connoiffance en appartiendra en cette maniere ;
fçavoir le rouge cramoify avec de l'alun du poids de la foye,
l'efcarlatte cramoifie avec du favon approchant le poids de la
foye, & le violet cramoify avec de l'alun auffi pefant que la foye, ou
bien du jus de citron environ une chopine mefure de Paris pour
une livre de foye, plus ou moins à proportion, lefquels ingrediens
feront meflez & mis dans l'eaüe claire quand elle commencera à
boüillir, & enfuite les foyes feront mifes dans le mefme vaiffeau.
Et apres que les unes & les autres defdites foyes auront boüilly
environ un demy-quart d'heure fera obfervé que fi les teintures

font fauſſes, le boüillon de la ſoye rouge ſera violet pour marque qu'elle aura eſté teinte avec de l'orſeille, & s'il eſt fort rouge, s'en ſera une qu'elle l'a eſté avec du breſil; & ſi au contraire la teinture en eſt bonne, l'eau aura peu de changement.
Pour l'eſcarlatte cramoiſy, s'il y a du rancourt, le boüillon deviendra comme couleur d'aurore, & s'il y a du breſil, il ſera
rouge: Quand au violet cramoiſy, s'il y a breſil ou orſeille, le
boüillon deviendra de couleur tirant ſur le rouge, & pour plus
grande conviction des bonnes ou fauſſes Teintures, il ſera mis
dans le déboüilly des eſcheveaux de ſoyes, des eſchantillons mis
au bureau de ladite Communauté des meſmes nuances & couleurs que celles qui ſeront accuſées de fauſſeté, afin que par la
comparaiſon de l'une à l'autre on puiſſe certainement juger de
la bonne ou mauvaiſe qualité deſdites teintures apres ledit dé-
bouilly.

LXXXII.

ET pour connoiſtre encore ſi toutes les autres couleurs non
cramoiſies, appellées couleurs communes, auront eſté engallées, la ſoye ſera miſe dans de l'eau claire bouillante avec ſavon
ou cendre gravelée environ la peſanteur de la ſoye, & le tout
ayant bouilly un bouillon, ſera ladite ſoye retirée du vaiſſeau où
elle aura bouilly, & lors ſi elle eſt ſurchargée de galle, toute la
couleur ſe perdra, & ne reſtera que la couleur que la galle luy
aura donnée, qui ſera comme feuille-morte, ou couleur de bois.
Ou bien ladite ſoye ſera miſe dans de l'eau bouillante avec de-
my-ſeptier de jus de citron meſure de Paris; apres quoy elle ſera
tirée & lavée dans de l'eauë froide, puis paſſée dans la teinture
noire; enſuite dequoy ſi ladite ſoye eſt engallée, elle deviendra
noire, & n'eſtant pas engallée elle deviendra couleur de triſtamie ou pain bis. Et afin de connoiſtre ſi le noir eſt par trop en-
gallé & ſurchargé de galle, limaille de fer, ou moullée de taillandier, le déboüilly s'en fera dans de l'eau claire avec du ſavon peſant le double de la ſoye, & apres avoir boüilly un bouillon, ſi elle a eſté ſurchargée, elle deviendra rougeaſtre, & ſi
elle ne l'a pas eſté, elle conſervera ſa couleur.

LXXXIII.

NUL ne ſe pourra s'ingerer, ny s'employer dans le negoce &

art de la Teinture des ſoyes, laine, fil, & étoffes en aucun lieu
du Royaume, s'il n'eſt receu Marchand Maiſtre Teinturier en
ſoye ou laine, ou fil, & fait Chef-d'œuvre en la maniere dite
cy-deſſus, à peine de trois cens livres d'amende, & de confiſcation des marchandiſes. Et parce que la Teinture eſt un art qui
ne ſe peut apprendre que par un long-temps & beaucoup d'experience, nul ne pourra à l'advenir eſtre receu Maiſtre dudit
art de Teinturier du bon teint de ſoye, de laine & fil, en quelque lieu que ce ſoit, qu'apres avoir eſté apprentif & compagnon pendant ſix années, & fait Chef-d'œuvre en la maniere
dite cy-apres; ſi ce n'eſt les compagnons forains qui le pourront
eſtre au bout de quatre années. Nonobſtant tous Ediɛts, Declarations, & Arreſts à ce contraires.

LXXXIV.

SERONT tous les Maiſtres Teinturiers de ſoye, laine, & fil,
tenus d'avoir en leurs maiſons, boutiques, & ouvroirs chacun
un cachet & marque, ou d'un coſté ſera gravé le nom & armes
de la Ville où ils demeurent, & de l'autre leur nom, pour eſtre
ledit Cachet & marque appliquez & imprimez ſur un plomb
qui ſera attaché avec un fil ſur les bottes de ſoyes, laine ou fil,
& au Chef & teſte des Eſtoffes par eux teintes lors qu'ils les li-
vreront: En ſorte que ledit fil & plomb ne ſe puiſſent ſeparer
& oſter du lieu où ils ſeront appliquez ſans une rupture viſible,
afin de pouvoir connoiſtre par qui leſdites étoffes, ſoye, laine,
& fil ſeront teintes, de la bonté deſquelles teintures ils demeureront garands & reſponſables: Et à cét effeɛt chacun deſdits Maiſtres Teinturiers fourniront une emprainte de leurdite
marque tant au Bureau de leur Communauté qu'en ceux des
Marchands Merciers & Marchands Maiſtres Ouvriers en draps
d'or, d'argent, & de ſoye entre les mains des Maiſtres Gardes
ou Jurez deſdites Communautez en charge, qui ſeront tenus
d'en faire mention ſur leurs regiſtres, pour y avoir recours quand
beſoin ſera: Ne pourront leſdits Teinturiers vendre ny livrer
leſdites étoffes, ny les ſoye, laine, & fil en bottes, & aucunes
perſonnes les achepter ny recevoir ſans eſtre marquées comme
dit eſt; Ne pourra encore le Teinturier mettre autre marque
que la ſienne, le tout à peine de cent livres d'amende pour cha-

cune contravention, & de confiscation desdites étoffes, de soye, laine & fil non marquez.

LXXXV.

Regiftre pour les foyes, laines, & fil.

Seront tenus lesdits Maistres Teinturiers, ou leurs veufves de tenir bon & fidel regiftre de toutes les foyes, laines, fil, étoffes, & marchandifes qu'ils teindront de quelques qualitez qu'elles foient pour y avoir recours quand befoin fera, lefquelles étoffes, foye, laine & fil, ils montreront à ceux qui leur auront donnez pour teindre toutesfois & quantes qu'ils en feront requis, à peine de trente livres d'amende pour chacun refus; & ne pourront lesdits Maistres Teinturiers défaire ny divifer les pantines de foyes cruës ou teintes, ny les charger, humecter, huiller, ou engraiffer en quelque maniere que ce foit; mais les rendront en la forme qu'ils les auront receuës, à la referve de la teinture bien feiches & bien conditionnées, mefme les rochets & bobines fur lefquelles elles feront devidées, lefquels rochets feront à cet effet marquez par le Maistre auquel lefdites foyes appartiendront, à peine de cinquante livres d'amende pour chacune contravention, & des dommages & interefts, de ceux qui les auront données à teindre.

LXXXVI.

Privilege.

Pourront lesdits Marchands Maistres Teinturiers en foye vendre tant en gros qu'en détail de toute forte de foyes crués ou teintes, fleuret, capiton, trames, & autres generalement quelconques de quelques natures & qualitez que puiffent eftre lefdites foyes; & lefdits Teinturiers en laine pourront vendre des laines teintes; & pourront auffi les Teinturiers en fil, vendre du fil de lin, chanvre, cotton, fil à marquer, fil à fangle & retorts blanc, & autres couleurs & ruban de fil de toutes couleurs dont fe fervent les Tapiffiers, & autres marchandifes qui leur ont efté permifes par Arreft, ainfi qu'ils ont fait par le paffé; Et pourront auffi avoir feuls en leurs maifons, boutiques, ouvroirs, & magazins des chaudieres ou fourneaux fcellez & à fceller, callandres, moulins, efparts, poteaux, chevilles, preffes, & autres uftancilles generalement quelconques, neceffaires à leurs manu-

Eaue & luftre des foyes.

factures & negoce, deffenfes à toutes autres d'en avoir; Et pourront auffi lefdits Teinturiers donner l'eauë & le luftre à

toutes

toutes fortes d'étoffes de foye neufves, ou aux vieilles teintes
ou non teintes, & jouïront lesdits Teinturiers de l'exemption
du droit de haut-ban, & expoſeront leurs ouvrages en leurs
étalages, boutiques, & magazins, ſans aucun trouble ny em-
peſchement, ainſi que par le paſſé.

LXXXVII.

POURRONT leſdits Teinturiers de foye, laine, & fil, faire
attacher à leurs maiſons des perches pour teindre ſur ruë leſdites ſoyes, laine & fil, étoffes, & autres ouvrages qu'ils auront
teints, leſquelles perches ne pourront paſſer la moitié de la ruë,
& leſdites étoffes & ouvrages deſcendre qu'à trois toizes prés de
terre, ſuivant l'ancien uſage.

LXXXVIII.

LESDITS Marchands Teinturiers en foye, laine, & fil, n'au-
ront en leurs boutiques, ouvroirs, & magazins, autres poids
pour pezer leurs marchandiſes, & d'aulnes pour les aulner que
celles qui ſeront juſtes & ordinaires à tous les Marchands du
meſme lieu de leur demeure, & qui ne ſoient eſtallonnées &
marquées de la marque dudit lieu, à peine de trois cens livres
d'amende, & d'interdiction de leur exercice.

LXXXIX.

SI les ſoyes, laines, fil, & marchandiſes teintes venoient à
eſtre ſaiſies & venduës ſur ceux qui les auront fait teindre, les
Marchands Maiſtres Teinturiers ſeront payez par preference à
leurs creanciers ſur les deniers en provenans des ſommes qui
leur ſeront deuës pour leſdites teintures des deux dernieres années ſeulement, pourveu que les parties en ſoient arreſtées, attendu que c'eſt œuvre de main, & que leſdites Teintures aug-
mentent le prix deſdites marchandiſes; & pour le ſurplus de
leur deub y viendront par contribution.

X C.

LE temps des Aprentifs Teinturiers en foye, laine & fil ſera
de quatre années, & aucun Maiſtre ne pourra prendre des Aprentifs pour moindre temps; le Brevet ſera paſſé pardevant Notaire
& Enregiſtré ſur le Regiſtre du Greffier de la police & ſur celuy
de la Communauté quinze jours apres la paſſation dudit Brevet,
& demeureront leſd. Aprentifs actuellement au ſervice de leurs

Maiſtres, à peine de nullité s'il n'y à cauſe legitime pour les en
diſpenſer. Aucun Maiſtre ne pourra prendre plus de deux aprentifs, dont le ſecond ne ſe pourra obliger qu'après l'expiration des
deux années du premier. Huit jours aprés la fin de l'Aprentiſſa-
ge le Maiſtre fera faire une experience de teinture à ſon Aprentif en preſence des Maiſtres & Jurez en charge, & luy donnera
Certificat en bonne forme apres ladite experience faite, ſauf à
ce pourvoir pour ce qui luy pourra eſtre deub à cauſe dudit Apprentiſſage, puis ſera ledit Aprentif Enregiſtré au Livre des
Compagnons. Et pour ce payera trente ſols aux Maiſtres Iurez
en Charge: Ne pourront leſdits Maiſtres obliger autres Aprentifs qu'ils n'ayent fait faire leſdites experiences à ceux qui auront
fait leurs temps, à peine de vingt-quatre livr. d'amande, ny ne
pourront auſſi leſdits Aprentifs s'abſenter de la maiſon & ſervice de leur Maiſtre ſans cauſe legitime, jugée telle par le Iuge de
police ; permis auſdits Maiſtres de les faire arreſter par tout où ils
ſe trouveront pour leur faire achever leurs temps, ſinon un mois
apres les avoir fait ſommer à leur perſonne ou domicile, ils pourront les faire rayer du Livre de la Communauté & en prendre
d'autres en leur lieu, ſans que leſdits Apprentifs qui auront quit-
té le ſervice puiſſent ſe prevaloir du temps qui ce ſera écoulé
pendant leur abſence & premier Apprentiſſage, ſauf auſdits Apprentifs à s'obliger de nouveau à un autre Maiſtre pour le meſme
temps de quatre années ; apres leſquelles ils ne pourront eſtre
admis à la Maiſtriſe qu'ils n'ayent ſervy les Maiſtres le meſme
temps de deux années en qualité de Compagnon. Les Compagnons forains ſerviront les Maiſtres quatre années: Ne pourra le
Maiſtre congedier ſon Apprentif ſans cauſe legitime jugée telle
par l'Officier de police, ny en prendre un autre, s'eſtant abſenté
que le mois cy-deſſus dit ne ſoit expiré, ny compoſer avec ſon
Apprentif pour le temps qu'il auroit perdu par abſence ou autrement à peine de trente livres d'amande. Et arrivant qu'aucun
deſdits Maiſtres vint à s'abſenter de la Ville de ſa demeure, ou
ceſſer ſon travail, leſdits Maiſtres Iurez apres avoir pris connoiſ-
ſance de la choſe pourvoiront d'un autre Maiſtre audit Apprentif un mois apres. Et ne pourront leſdits Maiſtres débaucher ny
attirer chez eux l'Apprentif ou Compagnon d'un autre Maiſtre

ny luy donner de l'employ directement ou indirectement à peine de soixante livres d'amande.

XCI.

Si un Apprentif ou Compagnons sont atteints ou convain- *Apretif*
cus d'avoir vollé leurs Maistres, ils seront pour jamais exclus de *& Com-*
parvenir à la Maistrise,& leurs condamnations seront transcriptes *pagnon.*
sur le Registre de la Communauté pour y avoir recours quand
besoin sera, Et ne pourront les Compagnons & Apprentifs teindre ny reteindre pour eux & à leur profit, en leurs maisons, dans
les boutiques, ny ailleurs , à peine de punition exemplaire : Et si
un Maistre veut donner congé à un Côpagnon, il sera tenu l'ad-
vertir par écrit un mois auparavant, & si ledit Compagnon veut
sortir fera même advertissement. Toutesfois en cas d'insuffisance
dudit Compagnon, pourra le Maistre le mettre dehors huitaine
apres l'en avoir adverti ; auquel cas que ledit Maistre donnera
congé audit Compagnon, ou autre de ses Ouvriers ; Ledit Maistre ne pourra contraindre le nouveau Maistre sous lequel son
Ouvrier ira travailler de luy payer sur ce qui luy sera deub que la
huitiéme partie du sallaire du travail dudit Compagnon ou Ouvrier ; & au contraire , si ledit Compagnon & Ouvrier quitte son
Maistre en luy donnant congé, sera le nouveau Maistre tenu de
payer comptant à son dernier Maistre tout ce qui luy sera deub
par ledit Ouvrier & Compagnon, avant que de pouvoir employer ledit Compagnon, à peine de quarante-huit livres pa-
risis d'amande : Et si ledit Compagnon est obligé à gages audit
Maistre par acte passé pardevant Notaire, ledit acte sera executé
pour tout le temps porté par iceluy, sans que ledit Compagon
se puisse prevaloir du contenu cy-dessus.

XCII.

Le temps d'aprentissage & de compagnon en la maniere dite *Maitri-*
cy-dessus, estant expiré, l'aspirant qui voudra estre receu Mai- *se &*
stre dudit Art fera Chef-d'œuvre en presence des Maistres Ju- *Chef-*
rez en charge, & de six anciens qui auront passé par les charges *d'œu-*
& de trois modernes, lequel Chef-d'œuvre sera fait & com- *vre.*
posé par ledit aspirant, sçavoir d'asseoir une Cuve dinde ou fleu-
rée, la bien vser & tirer jusques a ce que ledit Chef-d'œuvre soit
entierement accomply ; ce qui se fera pendant cinq ou six jours

au plus , & eftant veû & vifité & reconnu bon par les Jurez en
charge , & les fix anciens Maiftres l'afpirant fera receu à la
Maiftrife à la pluralité des voix , & païera les droits accouftu-
mez ainfi qu'ils feront reglez par le Juge de la Police fans en
pouvoir reçevoir d'avantage , à peine de cent livres d'amande ,
puis preftera le ferment pardevant ledit Juge de Police qui luy
déliurera fa Lettre de reception à la Maiftrife, fans faire aucun
feftin devant , pendant ny aprés ledit Chef-d'œuvre & reception, à peine contre ledit afpirant de fufpention à la Maiftrife
pour vn an , & de cinquante livres d'amande contre chacun des
Maiftres qui auront accepté ledit feftin, dont fera délivré executoire par le Juge de Police , aprés la preuve fommaire qu'il fera
tenu d'en faire & s'il arrivoit conteftation pour la Reception
de Chef-d'œuvre , il fera veu & vifité par ledit Juge de Police
ou autre par luy commis à cét éfet.

<h2 style="text-align:center">XCIII.</h2>

L E s fils de Maiftres feront receus à ladite Maiftrife faifant
vne experience de Teinture pendant deux jours en prefence
des Gardes ou Jurez en charge , & de quatre anciens qui auront
paffé par les charges , & aprés avoir fatisfait aux droits portez
par le Reglement du Iuge de Police, ils prefteront le ferment,
& leur feront leur Lettres délivrées ; Pourront les Veufues des
Maiftres continuer le Negoce & Art de la Teinture tout ainfi
que pouvoient faire leurs deffunts maris , fans pouvoir neantmoins faire aucuns Aprentifs , mais feulement faire achever
en leurs maifons ceux paffez , & commancez par leurs deffunts
maris , & en cas que lefdits Veufues quitaffent ledit Cõmerce
& Art, elles feront tenuës de remettre les Brevets & Aprentifs
entre les mains des Maiftres Iurez en charges pour leur eftre
pourveu d'vn autre Maiftre, & achever de fervir les Maiftres
le temps porté par lefdits Brevets.

<h2 style="text-align:center">XCIV.</h2>

A v c v n s defdits Maiftres & leurs Veufves ne pourront
occuper plus d'vne boutique, maifon n'y ouvroir de Teinture,
& pourront mettre au devant defdites boutiques , tels tapis
qu'ils jugeront neceffaires & autres chofes dependantes dudit
Art, fans prefter leurs noms, à qui que ce foit fous pretexte ny
autre-

autrement à peine de cent livres d'amande, & feront exempts
du droit de hault ban.

XCV.

Les Maiftres Gardes ou Iurez en charge, s'affembleront
au Bureau de leur communauté vne fois la femaine, & plus
fouvent s'il eft neceffaire pour conferer des affaires d'icelle,
ouïr les plaintes & denonciations qui leurs feront faites par les
Maiftres, Veufves de Maiftres, Compagnons ou Aprentifs
dudit eftat touchant le fait d'iceluy, pour eftre reglez par lef-
dit Iurez en charge à l'amiable, s'il leur eft poffible. Et au cas
qu'il arrive quelques affaires de confequence concernant ledit
Corps & Communauté lefdits Gardes & Iurez en charge affembleront les Maiftres qui auront paffé par les charges les deux
dernieres années, & fix autres au moins, des plus notables auf-
quels ils propoferont lefdites affaires, & les refoudront à la pluralité des voix, & ce qui fera ainfi fait fera executé par tous les
autres Maiftres & tranfcrit fur ledit Regiftre de la Communauté, fur lequel le prefent reglement fera auffi tranfcript avec
la lifte de tous les Maiftres dudit Art, à chacun defquels lefdits
Maiftres Jurez en charge feront tenus de délivrer une coppie dudit prefent reglement vne fois feulement aux frais & dépens de
la Communauté, de laquelle coppie lefd. Maiftres feront tenus
de figner la reception fur ledit Regiftre portant leur fubmiffion
de l'executer, à peine de trente livres d'amande contre ceux
qui feront refufans de le faire mefme d'interdiction de la Maiftrife jufques à ce qu'ils y ayent fatisfait.

XCVI.

Et pour obferver vn ordre dans la direction des affaires de
ladite Communauté des Marchands & Maiftres Teinturiers, les
papiers, titres & contracts d'icelle feront mis par invantaire en
vn coffre fermant à deux clefs qui fera dans la chambre de
ladite Communauté, dont l'une fera entre les mains de l'vn des
Gardes ou Jurez Teinturiers en foye, & l'autre entre les mains de
l'un des Gardes ou Iurez Teinturiers en Laine pour la premiere
année, & la fecóde aux Jurez Teinturiers en Fil alternativement
entre lefd. Teinturiers en Laine & Fil feulement, & perpetuel-
lement en celle du Juré Teinturier en Soye, lefquels gardiens
defditesclefs feront tenus de fe trouver en la chambre de la

G

Communauté pour l'ouverture dudit coffre toutesfois &
quantes & celuy auquel on deliurera des papiers eſtans dans
iceluy & concernans ladite Cõmunauté en donnera ſon Rece-
picé, qui contiendra les cauſes pourquoy on les aura donnez.

XCVII.

Amen-
des.

Tovtes les amandes & confiſcations adjugées pour les contra-
vantions aux preſents Statuts & Reglemens, & en conſequen-
ce d'iceux feront aplicables, ſçavoir moitié à ſa Majeſté, vn
quart aux Iurez qui en auront fait faire la ſaiſie, & l'autre quart
aux pauvres du lieu ou les Iugemens ſeront rendus.

XCVIII.

Aſſem-
blée
pour la
Police
des
Tcintu-
res.

Affin de connoiſtre ſi les Gardes ou Iurez Teinturiers en
Soye, Laine & Fil ſe feront bien & deüment aquitez du devoir
de leur commiſſion, dans les Villes où il y aura cy-aprés corps &
Cõmunauté de Marchands Maiſtres Teinturiers en Soye, Laine
& Fil, les Officiers qui auront droit de connoiſtre des Manufactures feront aſſembler pardevant eux aux lieux ordinaires &
accouſtumez pour les aſſemblées au mois de Ianvier de chacune
année vn Marchand Mercier, & vn Marchand Maiſtre Ouvrier
en Soye, & les Gardes ou Jurez Teinturiers en charge, avec ceux
qui ſeront ſortis de charge l'année precedente & ſix autres perſonnes de l'vne & l'autre Communauté tels qu'ils les voudront choiſir avec deux nottables Bourgeois afin que leſdits
Marchands & Teinturiers en charge informent l'aſſemblée de
l'eſtat auquel ſeront leſdits Teinturiers, de leur progrez, des
moyens qu'ils jugeront les plus propres pour leur perfection;
& de l'execution ou des contraventions aux preſens Status &
Reglemens qu'ils auront remarquez. Comme auſſi des remedes
qu'ils iugeront neceſſaires pour eſtre ſur le tout par ladite aſſemblée donné ſes avis; ce fait en dreſſer proces verbal, & ordon-
ner par leſdits Juges de Police des Manufactures ce qu'il appartiendra par raiſon, dont ſera fait mention ſur les Regiſtres des
Cõmunautez deſdits Marchands Merciers, Marchands Ouvriers
en Soye & des Marchands Maiſtres Teinturiers en Soye, Laine
& Fil, & du tout leſdits Officiers de Police des Manufactures
envoyront vne expedition au Surintendant des Arts, & Manufactures de France vn mois aprés leſdites aſſemblées, le tout
gratuitement & ſans frais.

EXTRAICT DES REGISTRES
du Conseil d'Estat.

LE Roy ayant esté informé par les Marchands Maistres Ouvriers en draps d'or, d'argent, & de soye de ses villes de Paris, Lyon & Tours, que la deffectuosité des Teintures de soyes & laines qu'ils employent ausdites Manufactures & autres Estoffes est si grande qu'il leur est tout à fait impossible de les faire dans leur perfection à cause que leurs teintures ny sont pas moins necessaires pour leur beauté & bon vsage que leur propre fabrique, à quoy il est tres-important de remedier: Ce qui semble ne se pouvoir mieux faire qu'en approuvant par sa Majesté le projet de Statut & Reglement general des Teintures de toutes les soyes, laine & fil de son Royaume, qui sont employées tant ausdites Manufactures qu'aux tapisseries & autres ouvrages qui luy a esté presenté, & faisant sur iceluy expedier par sa Majesté ses Lettres Patentes pour le faire registrer dans ses Cours de Parlement, observer & executer dans toute l'estendüe de son Royaume: A quoy sa Majesté voulant pourvoir, & ne rien obmettre de ce qui peut perfectionner lesdites Manufactures, & en augmenter le commerce dedans & dehors son Royaume, SA MAIESTE' EN SON CONSEIL ROYAL de Commerce a renvoyé & renvoye ledit projet de Statuts & Reglement general au Lieutenant du Prevost de Paris, pour la Police, & au Procureur de sa Majesté au Chastelet, pour y donner leurs advis, & iceux veus & rapportez estre pourveu ainsi qu'il appartiendra par raison. FAIT au Conseil d'Estat du Roy, tenu à S. Germain en Laye le vingt-deuxiéme jour de Juillet 1669. Signé BERRIER

VEv par Nous Gabriel Nicolas de la Reynie Conseiller du Roy en ses Conseils d'Estat & Privé, Maistre des Requestes ordinaire de son Hostel, & Lieutenant de Police de la ville Prevosté & Vicomté de Paris, & Armand Jean de Ryants aussi Conseiller du Roy en ses Conseils & son Procureur du Roy au Chastelet de Paris, les articles cy dessus transcrits au nombre de quatre-vingt dix-huit presentez à sa Majesté par les Marchands Maistres Ouvriers en draps d'or, d'argent & soye de cette ville de Paris, Lyon & Tours, à ce qu'il luy pleust les approuver & faire expedier sur iceux ses Lettres Patentes en forme de Statuts, Ordonnances & Reglemens pour les Teintures des soyes, laine & fil, l'Arrest du Conseil du vingt-deuxiéme Iuillet dernier, par lequel le Roy en son Conseil Royal du Commerce nous a renvoyé lesdits articles, pour sur iceux donner nostre advis : La Requeste à nous preférée par ledit Procureur du Roy par laquelle il nous auroit requis avant que dóner nôtre advis que les Maistres & Gardes des Marchands Maistres Ouvriers en drapt d'or, d'argent & de soye & les Iurez des Marchands Maistres Teinturiers en soye, laine & fil de lad. ville de Paris fussét ouys en sa presence sur lesd. Articles, & apres avoir entendu les uns & les autres sur iceux.

Nostre Advis est sous le bon plaisir de sa Majesté, que lesdits Articles sont necessaires pour le Restablissement & perfection des Teintures des draps & autres estoffes & ouvrages de soyes tant pour l'usage & consommation qui s'en fait dans le Royaume, que pour en augmenter le Commerce dans les pays estrangers. Fait à Paris le deuxiéme Aoust 1669. Signé De la Reynie & De Ryants.

Lettres d'approbation des Articles en forme de Reglemens pour les Teintures des Soyes Laine, & Fil.

LOVIS PAR LA GRACE DE DIEV, ROY DE FRANCE ET DE NAVARRE: A tous presens & à venir, Salut. Les Marchands maiſtres Ouvriers en draps d'or, d'argent & de ſoyes, Nous ont repreſenté que la perfection des Teintures de ſoyes qu'ils employent auſdits Manufactures & autres eſtoffes & ouvrages de ſoyes, eſt ſi importantte, que ſans cela il leur eſt impoſſible de les faire d'une parfaite beauté & bon uſage, ny d'en augmenter le debit, tant en France, que dans les pays eſtrangers: C'eſt pourquoy il eſt tres-neceſſaire de remedier promptement aux abus qui ſe commettent auſdites Teintures; Comme auſſi aux Teintures des laines qu'ils employent en quelques unes deſdites Manufactures, conformement aux Articles, en forme de Statuts Ordonnances & Reglement general pour toutes leſdites Teintures qu'ils en ont dreſſez, leſquels ils nous auroient preſentez, & ſuppliez tres-humblement les vouloir approuver & ſur iceux faire expedier nos Lettres à ce neceſſaires. A CES CAVSES, de l'advis de Noſtre Conſeil de Commerce qui a veu & examiné leſdits articles au nombre de quatre-vingt dix-huit, l'Arreſt de noſtredit Conſeil du vingt-deuxiéme Iuillet dernier portant renvoy d'iceux au Lieutenant de Police, & à Noſtre Procureur au Chaſtelet de Paris, pour y donner leur advis, ledit advis eſtant au bas deſdits Articles du deuxiéme du preſent mois d'Aouſt 1669. Le tout cy attaché ſous le Contreſcel de noſtre Chancelerie Nous avons par ces Preſentes ſignées de noſtre main & de noſtre Grace ſpeciale pleine Puiſſance & Autorité Royalle, approuvé & confirmé, approuvons & confirmons leſdits Articles de Statuts, Ordonnances & Reglemens pour les Teintures des ſoyes, laine & fil: VOVLONS que dans toute l'eſtendüe de noſtre Royaume, Terre & Seigneurie de noſtre obeyſſance, ils ſoient gardez, obſervez & executez de point en point ſelon leur forme & teneur SI DONNONS EN MANDEMENT à Nos Amez & Feaux Conſeillers les Gens tenans noſtre Cour de Parlement de Paris que ces Preſentes & leſdits Articles de Status, Ordonnances

H

& Reglemens ils faſſent lire, publier, regiſtrer, garder & ob-
ſerver, ſans contrevenir, ny ſouffrir qu'il y ſoit contrevenu,
nonobſtāt toutes choſes à ce contraires, auſquelles nous avons
derogé & derogeons : Et parce que des Preſentes & deſd. Statuts & Reglemens l'on pourroit avoir affaire en pluſieurs
lieux. V o u l o n s qu'aux copies collationnées d'iceux par l'un
de nos Amez & Feaux Conſeillers & Secretaires, foy ſera ad-
jouſté comme aux Originaux. Car tel est nostre plaisir;
Et afin que ce ſoit choſe ferme & ſtable à toûjours, Nous
avons fait mettre noſtre Seel à ſeſdites Preſentes. D o n n e' à
S. Germain en Laye au mois d' Aouſt l'an de grace 1669. Et de
noſtre Regne le 27. Signé L o v i s ; & ſur le reply, Par
le Roy, C o l b e r t: Et ſcellées du grand Sceau de cire verte
en lacs de ſoye rouge & verte. Et à coſté *Viſa* S e g v i e r.
Pour ſervir aux Lettres patentes en forme d'Edict, portant approba-
tion de divers Réglements & Statuts ſur les Teintures des Soyes, Lai-
nes & Fil.

Lu publié & regiſtré, oüy & ce requerant le Procureur General du
Roy, pour eſtre executé ſelon ſa forme & teneur. A Paris en Par-
lement, le Roy y ſeant en ſon lict de Iuſtice, le treziéme jour d'Aouſt
mil ſix cent ſoixante neuf.

Signé Du T i l l e t.

Collationné aux Originaux par moy Conſeiller
Secretaire du Roy, Maiſon, Couronne
de France & de ſes Finances.

www.ingramcontent.com/pod-product-compliance
Lightning Source LLC
LaVergne TN
LVHW020630180726
843502LV00006B/1961